THIS BOOK BELONG TO:

....

....

A a

APPLE

A
APPLE

B b

BANANA

C c

CARROT

D d

DOG

E e

ELEPHANT

F f

FLOWER

G g

GUITAR

H h

HOUSE

I i

ICE

J j

JELLY

K k

KANGAROO

L l

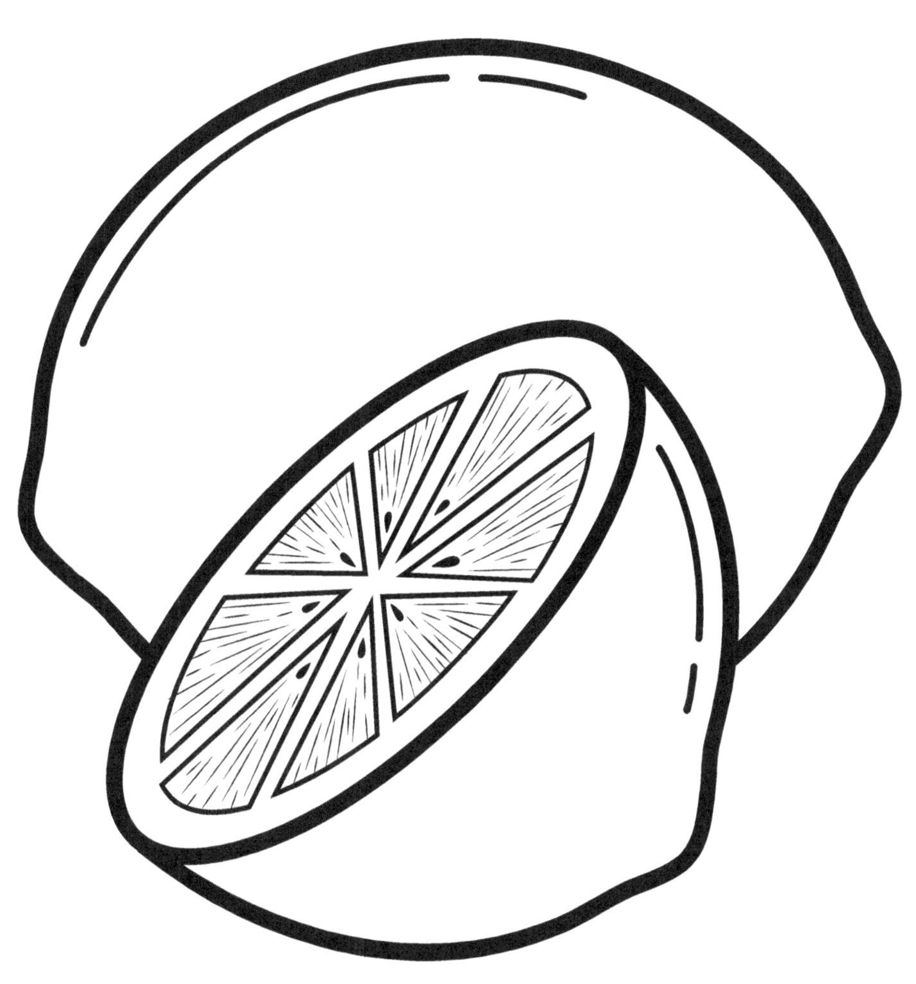

LEMON

M m

MONKEY

N n

NURSE

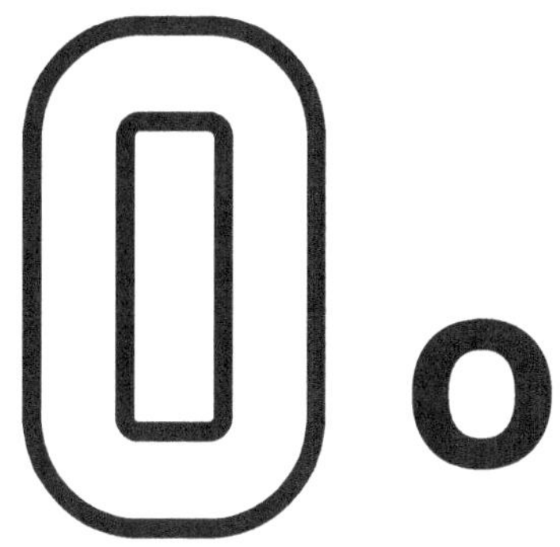

O.

ORANGE

P p

PENGUIN

QUEEN

R r

RABBIT

S s

SUN

T t

TREE

U u

UMBRELLA

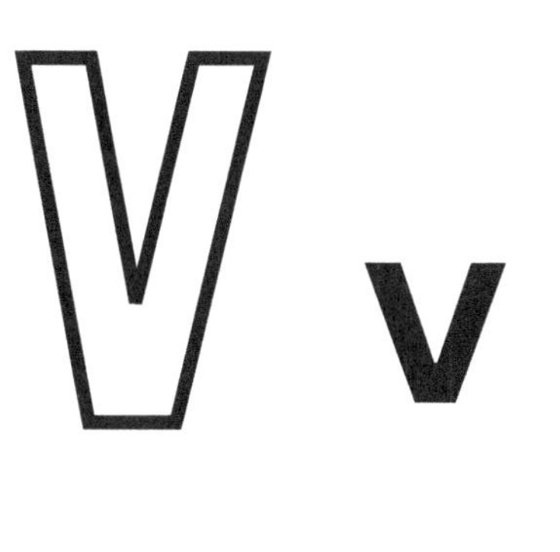

V v

VIOLIN

W w

WATERMELON

X x

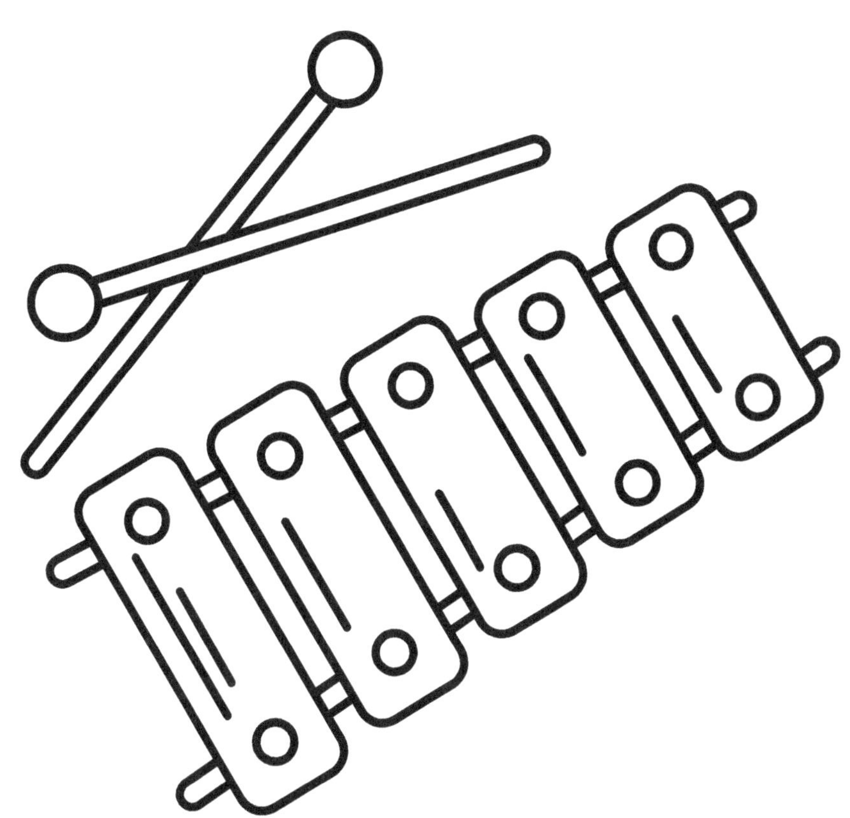

XYLOPHONE

Y y

YACHT

Z z

ZEBRA